這是專屬於 _____ 的個人回憶集

目次

使用說明

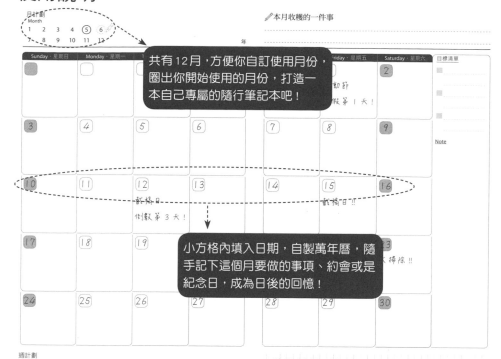

月計劃
Month
1 2 3 4 ⑤ 6
7 8 9 10 11 12

年

✎本月收穫的一件事

共有12月，方便你自訂使用月份，圈出你開始使用的月份，打造一本自己專屬的隨行筆記本吧！

Sunday・星期日	Monday・星期一				Friday・星期五	Saturday・星期六	目標清單
					勤節 假第1天！	2	
3	4	5	6	7	8	9	Note
10	11	12 數橋日 倒數第3天！	13	14	15 數橋日！！	16	
17	18	19				23 大掃除！！	
24	25	26	27	28	29	30	

小方格內填入日期，自製萬年曆，隨手記下這個月要做的事項、約會或是紀念日，成為日後的回憶！

週計劃
Month
1 2 3 4 ⑤ 6
7 8 9 10

Week
1 ② 3 4 5

5 11
星期一 Mon
中午跟同事外出用
下班回家的路上，
買了玻璃蛋糕跟衰

月計劃中下規劃五週份的週計劃，還有重要事項需要記下的話，填下日期後，不妨利用此處盡情揮灑一下吧！

5 12
星期二 Tue
今天 10:30 召開小組進度
願有色！

5 13
星期三 Wed

只用文字紀錄可能無法滿足你紀錄的欲望吧！這裡是你貼放照片、剪報還是信手塗鴉的另一方創作園地喔！

5 14
星期四 Thu

替你的照片留個敘述與紀錄吧！

5 15
星期五 Fri

值得珍藏的一刻

除了文字，其實還有其他方式可以留下紀錄，把這裡當作一張畫布，用你自己的方式隨意揮灑，創造更多姿多彩的回憶吧！

興兒子一家人三代同堂合照！

3

認識自己的第一步

我們多少都會面臨到需要讓別人認識自己的場合，這裡準備了一些讓你分析自己的方法，替自己寫一份說明書分享給朋友吧！

✎認識你自己

有什麼長處？

-
-
-
-
-

有什麼短處？

-
-
-
-
-

有什麼興趣和專長？

-
-
-
-
-

有什麼棘手的項目？

-
-
-
-
-

對工作有何期許？

-
-
-
-
-

曾經有過什麼夢想？

-
-
-
-
-

被人稱讚的場合：

- ·
- ·
- ·
- ·
- ·

被人責罵的場合：

- ·
- ·
- ·
- ·
- ·

無法忍受的事情：

- ·
- ·
- ·
- ·
- ·

會主動道歉的場合：

- ·
- ·
- ·
- ·
- ·

想跟對方道謝的人：

- ·
- ·
- ·
- ·
- ·

想跟對方道歉的人：

- ·
- ·
- ·
- ·
- ·

這些表格沒有正確答案，也沒有對錯，只是提供你一個反思的平台，或許你心裡早已有答案，也早有認知，但唯有提筆將這些絮絮叨叨的念頭化做文字，你才算真正的邁開面對自己的第一步！

個人歷程

凡走過必留下痕跡，舉凡是求學、求職或是創業，都是人生的重要過程，也是重要的轉折，這些回憶不會因為時光流逝而褪色，卻會因為你的紀錄而持續閃耀。

✎我的求學歷程

升學歷程	起訖日期				特殊才藝、獎狀	重要的人事物
國小	民國	年	月	日入學		
	民國	年	月	日畢業		
國中	民國	年	月	日入學		
	民國	年	月	日畢業		
高中／高職／高商／專科	民國	年	月	日入學		
	民國	年	月	日畢業		
大學／技術學院	民國	年	月	日入學		
	民國	年	月	日畢業		
研究所	民國	年	月	日入學		
	民國	年	月	日畢業		
博士班	民國	年	月	日入學		
	民國	年	月	日畢業		

✎獲獎心得

✎老師給你的評語

✎同學給你的評語

✎我的求職歷程

就職單位	起訖日期				特殊才藝、獎狀	重要的人事物
	民國	年	月	日就職		
	民國	年	月	日離職		
	民國	年	月	日就職		
	民國	年	月	日離職		
	民國	年	月	日就職		
	民國	年	月	日離職		
	民國	年	月	日就職		
	民國	年	月	日離職		
	民國	年	月	日就職		
	民國	年	月	日離職		
	民國	年	月	日就職		
	民國	年	月	日離職		

✎工作上的成就

....

....

✎長官給你的評語

....

....

✎同事給你的評語

....

....

子女成長紀錄

子女的成長永遠是父母最珍貴的回憶，即便是牙牙學語的一句話，都是極具感動的一刻，快將這些片段集結起來串成記憶結晶吧！

長子／女：

【個人資料】

★出生年月日：

★血型：

★出生地：

★個性：

★喜好之物：

★討厭之物：

★興趣與專長：

★缺點與棘手：

【就學歷程】

..........小學：......年......月......日入學

　　　　　　......年......月......日畢業

..........國中：......年......月......日入學

　　　　　　......年......月......日畢業

..........高中：......年......月......日入學

　　　　　　......年......月......日畢業

..........大學：......年......月......日入學

　　　　　　......年......月......日畢業

..........院系：......年......月......日入學

　　　　　　......年......月......日畢業

【求職歷程】

..........公司：......年......月......日就職

　　　　　　......年......月......日離職

..........公司：......年......月......日就職

　　　　　　......年......月......日離職

..........公司：......年......月......日就職

　　　　　　......年......月......日離職

珍藏留影

photo here

★曾對你說過的一句窩心話：

★曾對你做過的一件貼心事：

★讓你自豪的事蹟：

次子／女：

【個人資料】

★出生年月日：

★血型：

★出生地：

★個性：

★喜好之物：

★討厭之物：

★興趣與專長：

★缺點與棘手：

【就學歷程】

..........小學：......年......月......日入學

......年......月......日畢業

..........國中：......年......月......日入學

......年......月......日畢業

..........高中：......年......月......日入學

......年......月......日畢業

..........大學：......年......月......日入學

......年......月......日畢業

..........院系：......年......月......日入學

......年......月......日畢業

【求職歷程】

..........公司：......年......月......日就職

......年......月......日離職

..........公司：......年......月......日就職

......年......月......日離職

..........公司：......年......月......日就職

......年......月......日離職

● 珍藏留影 ●

photo here

★曾對你說過的一句窩心話：

★曾對你做過的一件貼心事：

★讓你自豪的事蹟：

我的記事摘要

日記是你日常生活一點一滴的累積，不論是讓你感動的、難過的、快樂的，還是苦澀的片段，將它們記下，為你的回憶添上些許醍醐味。

日　期	內　　容	頁　碼

日　期	內　　容	頁　碼

年度重要事件回顧

這一年對你來說是怎樣的一年呢？這段期間發生了哪些令你印象深刻的事情呢？
不要猶豫，將它們記錄下來，找出成就現在的你的蛛絲馬跡吧！

年　　月	年　　月	年　　月

年　　月	年　　月	年　　月

年 月	年 月	年 月

年 月	年 月	年 月

✏️年度總反思

月計劃
Month

1 2 3 4 5 (6) ✏

7 8 9 10 11 12

年

Sunday · 星期日	Monday · 星期一	Tuesday · 星期二	Wednesday · 星期三

✎本月收穫的一件事

Thursday · 星期四	Friday · 星期五	Saturday · 星期六	目標清單
☐	☐	▣	▪ ....
☐	☐	▣	Note
☐	☐	▣	
☐	☐	▣	
☐	☐	▣	

週計劃

Month

1　2　3　4　5　⑥✐

Week

1　2　3　4　⑤✐

7　8　9　10　11　12

星期一 · Mon

星期二 · Tue

星期三 · Wed

星期四 · Thu

星期五 · Fri

星期六 · Sat

星期日 · Sun

Month

1　2　3　4　5　6
7　8　9　10　11　12

Week

1　2　3　4　5

星期一 · Mon

星期二 · Tue

星期三 · Wed

星期四 · Thu

星期五 · Fri

星期六 · Sat

星期日 · Sun

週計劃

Month

1　　2　　3　　4　　5　　6

7　　8　　9　　10　　11　　12

Week

1　　2　　3　　4　　5

星期一 · Mon

星期二 · Tue

星期三 · Wed

星期四 · Thu

星期五 · Fri

星期六 · Sat

星期日 · Sun

Month

Week

1　2　3　4　5　6　　　　　1　2　3　4　5

7　8　9　10　11　12

星期一・Mon

星期六・Sat

星期二・Tue

星期三・Wed

星期日・Sun

星期四・Thu

星期五・Fri

週計劃

Month

1	2	3	4	5	6
7	8	9	10	11	12

Week

1	2	3	4	5

星期一・Mon

星期二・Tue

星期三・Wed

星期四・Thu

星期五・Fri

星期六・Sat

星期日・Sun

值得珍藏的一刻

除了文字，其實還有其他方式可以留下紀錄，把這裡當作一張畫布，用你自己的方式隨意揮灑，創造更多姿多彩的回憶吧！

月計劃
Month

1	2	3	4	5	6 ✎
7	8	9	10	11	12

年

Sunday · 星期日	Monday · 星期一	Tuesday · 星期二	Wednesday · 星期三

✎本月收穫的一句話

Thursday · 星期四	Friday · 星期五	Saturday · 星期六	目標清單
			Note

週計劃

Month

1 2 3 4 5 6🖉

7 8 9 10 11 12

Week

1 2 3 4 5🖉

星期一 · Mon

星期二 · Tue

星期三 · Wed

星期四 · Thu

星期五 · Fri

星期六 · Sat

星期日 · Sun

Month

1 2 3 4 5 6

7 8 9 10 11 12

Week

1 2 3 4 5

星期一・Mon

星期二・Tue

星期三・Wed

星期四・Thu

星期五・Fri

星期六・Sat

星期日・Sun

週計劃
Month

1	2	3	4	5	6
7	8	9	10	11	12

Week

1   2   3   4   5

星期一 · Mon

星期二 · Tue

星期三 · Wed

星期四 · Thu

星期五 · Fri

星期六 · Sat

星期日 · Sun

Month

1　2　3　4　5　6
7　8　9　10　11　12

Week

1　2　3　4　5

星期一・Mon

星期二・Tue

星期三・Wed

星期四・Thu

星期五・Fri

星期六・Sat

星期日・Sun

週計劃

Month

1	2	3	4	5	6
7	8	9	10	11	12

Week

1	2	3	4	5

星期一 · Mon

星期二 · Tue

星期三 · Wed

星期四 · Thu

星期五 · Fri

星期六 · Sat

星期日 · Sun

值得珍藏的一刻

除了文字，其實還有其他方式可以留下紀錄，把這裡當作一張畫布，用你自己的方式隨意揮灑，創造更多姿多彩的回憶吧！

月計劃
Month

1　2　3　4　5　(6) ✏

7　8　9　10　11　12　　　　　　　　　年

Sunday · 星期日	Monday · 星期一	Tuesday · 星期二	Wednesday · 星期三

✏️本月收穫的一本書

Thursday · 星期四	Friday · 星期五	Saturday · 星期六	目標清單
☐	☐	☐	☐
☐	☐	☐	☐
☐	☐	☐	☐
☐	☐	☐	Note
☐	☐	☐	

週計劃

Month

1 2 3 4 5 ⑥🖉

Week

1 2 3 4 ⑤🖉

7 8 9 10 11 12

星期一 · Mon

星期二 · Tue

星期三 · Wed

星期四 · Thu

星期五 · Fri

星期六 · Sat

星期日 · Sun

Month

1 2 3 4 5 6
7 8 9 10 11 12

Week

1 2 3 4 5

星期一 · Mon

星期二 · Tue

星期三 · Wed

星期四 · Thu

星期五 · Fri

星期六 · Sat

星期日 · Sun

週計劃

Month

1	2	3	4	5	6
7	8	9	10	11	12

Week

1	2	3	4	5

星期一 · Mon

星期二 · Tue

星期三 · Wed

星期四 · Thu

星期五 · Fri

星期六 · Sat

星期日 · Sun

Month   Week

1   2   3   4   5   6   1   2   3   4   5

7   8   9   10   11   12

星期一・Mon   星期六・Sat

星期二・Tue

星期三・Wed

星期日・Sun

星期四・Thu

星期五・Fri

週計劃
Month

1	2	3	4	5	6
7	8	9	10	11	12

Week

1   2   3   4   5

星期一 · Mon

星期二 · Tue

星期三 · Wed

星期四 · Thu

星期五 · Fri

星期六 · Sat

星期日 · Sun

值得珍藏的一刻

除了文字，其實還有其他方式可以留下紀錄，把這裡當作一張畫布，用你自己的
方式隨意揮灑，創造更多姿多彩的回憶吧！

月計劃
Month

1	2	3	4	5	(6) ✏
7	8	9	10	11	12

年

Sunday · 星期日	Monday · 星期一	Tuesday · 星期二	Wednesday · 星期三

✎本月反省的一件事

Thursday · 星期四	Friday · 星期五	Saturday · 星期六	目標清單
			Note

週計劃

Month

1　2　3　4　5　⑥

7　8　9　10　11　12

Week

1　2　3　4　⑤

星期一 · Mon

星期二 · Tue

星期三 · Wed

星期四 · Thu

星期五 · Fri

星期六 · Sat

星期日 · Sun

Month

1	2	3	4	5	6
7	8	9	10	11	12

Week

1	2	3	4	5

星期一 · Mon

星期二 · Tue

星期三 · Wed

星期四 · Thu

星期五 · Fri

星期六 · Sat

星期日 · Sun

週計劃
Month

| 1 | 2 | 3 | 4 | 5 | 6 |
| 7 | 8 | 9 | 10 | 11 | 12 |

Week

1 2 3 4 5

星期一 · Mon

星期二 · Tue

星期三 · Wed

星期四 · Thu

星期五 · Fri

星期六 · Sat

星期日 · Sun

Month

1 2 3 4 5 6

7 8 9 10 11 12

Week

1 2 3 4 5

星期一 · Mon

星期二 · Tue

星期三 · Wed

星期四 · Thu

星期五 · Fri

星期六 · Sat

星期日 · Sun

週計劃
Month

| 1 | 2 | 3 | 4 | 5 | 6 |
| 7 | 8 | 9 | 10 | 11 | 12 |

Week

1   2   3   4   5

星期一 · Mon

星期二 · Tue

星期三 · Wed

星期四 · Thu

星期五 · Fri

星期六 · Sat

星期日 · Sun

值得珍藏的一刻

除了文字，其實還有其他方式可以留下紀錄，把這裡當作一張畫布，用你自己的
方式隨意揮灑，創造更多姿多彩的回憶吧！

月計劃
Month

1	2	3	4	5	6 ✏
7	8	9	10	11	12

年

Sunday · 星期日	Monday · 星期一	Tuesday · 星期二	Wednesday · 星期三

✏本月自勉的一件事

Thursday · 星期四	Friday · 星期五	Saturday · 星期六	目標清單
☐	☐	☐	
☐	☐	☐	Note
☐	☐	☐	
☐	☐	☐	
☐	☐	☐	

週計劃

星期一 · Mon

星期二 · Tue

星期三 · Wed

星期四 · Thu

星期五 · Fri

星期六 · Sat

星期日 · Sun

Month

Week

| 1 | 2 | 3 | 4 | 5 | 6 |
| 7 | 8 | 9 | 10 | 11 | 12 |

| 1 | 2 | 3 | 4 | 5 |

星期一・Mon

星期二・Tue

星期三・Wed

星期四・Thu

星期五・Fri

星期六・Sat

星期日・Sun

週計劃
Month

| 1 | 2 | 3 | 4 | 5 | 6 |
| 7 | 8 | 9 | 10 | 11 | 12 |

Week

| 1 | 2 | 3 | 4 | 5 |

星期一・Mon

星期二・Tue

星期三・Wed

星期四・Thu

星期五・Fri

星期六・Sat

星期日・Sun

Month   Week

1   2   3   4   5   6   1   2   3   4   5

7   8   9   10   11   12

星期一 · Mon   星期六 · Sat

星期二 · Tue

星期三 · Wed

                                         星期日 · Sun

星期四 · Thu

星期五 · Fri

週計劃

Month

| 1 | 2 | 3 | 4 | 5 | 6 |
| 7 | 8 | 9 | 10 | 11 | 12 |

Week

| 1 | 2 | 3 | 4 | 5 |

星期一 · Mon

星期二 · Tue

星期三 · Wed

星期四 · Thu

星期五 · Fri

星期六 · Sat

星期日 · Sun

值得珍藏的一刻

除了文字，其實還有其他方式可以留下紀錄，把這裡當作一張畫布，用你自己的方式隨意揮灑，創造更多姿多彩的回憶吧！

月計劃
Month

1 2 3 4 5 6✐
7 8 9 10 11 12   年

Sunday · 星期日	Monday · 星期一	Tuesday · 星期二	Wednesday · 星期三

✏️本月心有所感的一件事

Thursday · 星期四	Friday · 星期五	Saturday · 星期六	目標清單
☐	☐	☐	
☐	☐	☐	Note
☐	☐	☐	
☐	☐	☐	
☐	☐	☐	

週計劃

星期一 · Mon

星期二 · Tue

星期三 · Wed

星期四 · Thu

星期五 · Fri

星期六 · Sat

星期日 · Sun

Month

1 2 3 4 5 6
7 8 9 10 11 12

Week

1 2 3 4 5

星期一 · Mon

星期二 · Tue

星期三 · Wed

星期四 · Thu

星期五 · Fri

星期六 · Sat

星期日 · Sun

週計劃

Month

1	2	3	4	5	6
7	8	9	10	11	12

Week

1	2	3	4	5

星期一 · Mon

星期二 · Tue

星期三 · Wed

星期四 · Thu

星期五 · Fri

星期六 · Sat

星期日 · Sun

Month

1   2   3   4   5   6

7   8   9   10 11 12

Week

1   2   3   4   5

星期一 · Mon

星期二 · Tue

星期三 · Wed

星期四 · Thu

星期五 · Fri

星期六 · Sat

星期日 · Sun

週計劃

Month

Week

| 1 | 2 | 3 | 4 | 5 | 6 | | 1 | 2 | 3 | 4 | 5 |
| 7 | 8 | 9 | 10 | 11 | 12 |

星期一 · Mon

星期二 · Tue

星期三 · Wed

星期四 · Thu

星期五 · Fri

星期六 · Sat

星期日 · Sun

值得珍藏的一刻

除了文字，其實還有其他方式可以留下紀錄，把這裡當作一張畫布，用你自己的
方式隨意揮灑，創造更多姿多彩的回憶吧！

月計劃
Month

1   2   3   4   5   (6) ✎

7   8   9   10   11   12   年

Sunday · 星期日	Monday · 星期一	Tuesday · 星期二	Wednesday · 星期三

Thursday · 星期四	Friday · 星期五	Saturday · 星期六	目標清單
☐	☐	☐	☐ ....
			....
			☐ ....
☐	☐	☐	....
			☐ ....
			....
☐	☐	☐	Note
☐	☐	☐	
☐	☐	☐	

週計劃
Month

1　2　3　4　5　(6)✐　　Week　1　2　3　4　(5)✐

7　8　9　10　11　12

星期一・Mon

星期二・Tue

星期三・Wed

星期四・Thu

星期五・Fri

星期六・Sat

星期日・Sun

Month

1 2 3 4 5 6

7 8 9 10 11 12

Week

1 2 3 4 5

星期一 · Mon

星期二 · Tue

星期三 · Wed

星期四 · Thu

星期五 · Fri

星期六 · Sat

星期日 · Sun

週計劃
Month

| 1 | 2 | 3 | 4 | 5 | 6 |
| 7 | 8 | 9 | 10 | 11 | 12 |

Week

1   2   3   4   5

星期一 · Mon

星期二 · Tue

星期三 · Wed

星期四 · Thu

星期五 · Fri

星期六 · Sat

星期日 · Sun

Month

1 2 3 4 5 6

7 8 9 10 11 12

Week

1 2 3 4 5

星期一 · Mon

星期二 · Tue

星期三 · Wed

星期四 · Thu

星期五 · Fri

星期六 · Sat

星期日 · Sun

週計劃

星期一・Mon

星期二・Tue

星期三・Wed

星期四・Thu

星期五・Fri

星期六・Sat

星期日・Sun

值得珍藏的一刻

除了文字，其實還有其他方式可以留下紀錄，把這裡當作一張畫布，用你自己的
方式隨意揮灑，創造更多姿多彩的回憶吧！

Sunday · 星期日	Monday · 星期一	Tuesday · 星期二	Wednesday · 星期三

✏本月開心的一件事

Thursday · 星期四	Friday · 星期五	Saturday · 星期六	目標清單
☐	☐	☐	☐ ....
☐	☐	☐	☐ ....
☐	☐	☐	☐ ....
☐	☐	☐	**Note**
☐	☐	☐	

週計劃

Month

1　2　3　4　5　(6) ✎

7　8　9　10　11　12

Week

1　2　3　4　(5) ✎

星期一 · Mon

星期二 · Tue

星期三 · Wed

星期四 · Thu

星期五 · Fri

星期六 · Sat

星期日 · Sun

Month

1 2 3 4 5 6

7 8 9 10 11 12

Week

1 2 3 4 5

星期一 · Mon

星期二 · Tue

星期三 · Wed

星期四 · Thu

星期五 · Fri

星期六 · Sat

星期日 · Sun

週計劃
Month

| 1 | 2 | 3 | 4 | 5 | 6 |
| 7 | 8 | 9 | 10 | 11 | 12 |

Week

1   2   3   4   5

星期一・Mon

星期二・Tue

星期三・Wed

星期四・Thu

星期五・Fri

星期六・Sat

星期日・Sun

Month

1 2 3 4 5 6

7 8 9 10 11 12

Week

1 2 3 4 5

星期一 · Mon

星期二 · Tue

星期三 · Wed

星期四 · Thu

星期五 · Fri

星期六 · Sat

星期日 · Sun

週計劃

Month

| 1 | 2 | 3 | 4 | 5 | 6 |

| 7 | 8 | 9 | 10 | 11 | 12 |

Week

| 1 | 2 | 3 | 4 | 5 |

星期一・Mon

星期二・Tue

星期三・Wed

星期四・Thu

星期五・Fri

星期六・Sat

星期日・Sun

值得珍藏的一刻

除了文字，其實還有其他方式可以留下紀錄，把這裡當作一張畫布，用你自己的方式隨意揮灑，創造更多姿多彩的回憶吧！

月計劃
Month

1 2 3 4 5 6 🖉
7 8 9 10 11 12   年

Sunday · 星期日	Monday · 星期一	Tuesday · 星期二	Wednesday · 星期三

✏️ 本月面對的一項新挑戰

Thursday · 星期四	Friday · 星期五	Saturday · 星期六	目標清單
⬜	⬜	⬛	▪
⬜	⬜	⬛	▪
⬜	⬜	⬛	▪
⬜	⬜	⬛	Note
⬜	⬜	⬛	

週計劃

1   2   3   4   5   (6) ✎

7   8   9   10   11   12

Week

1   2   3   4   (5) ✎

星期一 · Mon

星期二 · Tue

星期三 · Wed

星期四 · Thu

星期五 · Fri

星期六 · Sat

星期日 · Sun

Month

1 2 3 4 5 6
7 8 9 10 11 12

Week

1 2 3 4 5

星期一・Mon

星期二・Tue

星期三・Wed

星期四・Thu

星期五・Fri

星期六・Sat

星期日・Sun

週計劃
Month

1	2	3	4	5	6
7	8	9	10	11	12

Week

1	2	3	4	5

星期一 · Mon

星期二 · Tue

星期三 · Wed

星期四 · Thu

星期五 · Fri

星期六 · Sat

星期日 · Sun

Month

1 2 3 4 5 6
7 8 9 10 11 12

Week

1 2 3 4 5

星期一 · Mon

星期二 · Tue

星期三 · Wed

星期四 · Thu

星期五 · Fri

星期六 · Sat

星期日 · Sun

週計劃

Month

Week

| 1 | 2 | 3 | 4 | 5 | 6 | | 1 | 2 | 3 | 4 | 5 |

7 8 9 10 11 12

星期一 · Mon

星期六 · Sat

星期二 · Tue

星期三 · Wed

星期日 · Sun

星期四 · Thu

星期五 · Fri

值得珍藏的一刻

除了文字，其實還有其他方式可以留下紀錄，把這裡當作一張畫布，用你自己的
方式隨意揮灑，創造更多姿多彩的回憶吧！

月計劃
Month

1	2	3	4	5	6 ✎

7	8	9	10	11	12

年

Sunday · 星期日	Monday · 星期一	Tuesday · 星期二	Wednesday · 星期三

✎本月克服的一件事

Thursday · 星期四	Friday · 星期五	Saturday · 星期六	目標清單
			▪ ....
			▪ ....
			▪ ....
			....
			Note

週計劃

Month

1   2   3   4   5   ⑥✏

7   8   9   10   11   12

Week

1   2   3   4   ⑤✏

星期一・Mon

星期二・Tue

星期三・Wed

星期四・Thu

星期五・Fri

星期六・Sat

星期日・Sun

Month

| | 1 | 2 | 3 | 4 | 5 | 6 |
| 7 | 8 | 9 | 10 | 11 | 12 |

Week

1　2　3　4　5

星期一 · Mon

星期六 · Sat

星期二 · Tue

星期三 · Wed

星期日 · Sun

星期四 · Thu

星期五 · Fri

週計劃

Month

Week

1　2　3　4　5　6
　　　　　　　　　　　　　1　2　3　4　5
7　8　9　10　11　12

星期一・Mon

星期六・Sat

星期二・Tue

星期三・Wed

星期日・Sun

星期四・Thu

星期五・Fri

Month   Week

1   2   3   4   5   6   1   2   3   4   5

7   8   9   10   11   12

星期一 · Mon

星期六 · Sat

星期二 · Tue

星期三 · Wed

星期日 · Sun

星期四 · Thu

星期五 · Fri

週計劃

星期一 · Mon

星期二 · Tue

星期三 · Wed

星期四 · Thu

星期五 · Fri

星期六 · Sat

星期日 · Sun

值得珍藏的一刻

除了文字，其實還有其他方式可以留下紀錄，把這裡當作一張畫布，用你自己的
方式隨意揮灑，創造更多姿多彩的回憶吧！

月計劃
Month

1　　2　　3　　4　　5　　6 🖉

7　　8　　9　　10　　11　　12

年

Sunday · 星期日	Monday · 星期一	Tuesday · 星期二	Wednesday · 星期三

✏ 本月達成的一件事

Thursday · 星期四	Friday · 星期五	Saturday · 星期六	目標清單
☐	☐	☐	▢ ....
			....
			▢ ....
			....
			▢ ....
☐	☐	☐	....
			Note
☐	☐	☐	
☐	☐	☐	
☐	☐	☐	

週計劃

Week

1   2   3   4   (5) ✎

星期一 · Mon

星期二 · Tue

星期三 · Wed

星期四 · Thu

星期五 · Fri

星期六 · Sat

星期日 · Sun

Month

Week

1	2	3	4	5	6
7	8	9	10	11	12

1	2	3	4	5

星期一 · Mon

星期六 · Sat

星期二 · Tue

星期三 · Wed

星期日 · Sun

星期四 · Thu

星期五 · Fri

週計劃
Month

1　　2　　3　　4　　5　　6

7　　8　　9　　10　　11　　12

Week

1　　2　　3　　4　　5

星期一 · Mon

星期二 · Tue

星期三 · Wed

星期四 · Thu

星期五 · Fri

星期六 · Sat

星期日 · Sun

Month   Week

1   2   3   4   5   6   1   2   3   4   5

7   8   9   10 11 12

星期一 · Mon   星期六 · Sat

星期二 · Tue

星期三 · Wed

星期日 · Sun

星期四 · Thu

星期五 · Fri

週計劃
Month

1   2   3   4   5   6

7   8   9   10   11   12

Week

1   2   3   4   5

星期一 · Mon

星期二 · Tue

星期三 · Wed

星期四 · Thu

星期五 · Fri

星期六 · Sat

星期日 · Sun

值得珍藏的一刻

除了文字，其實還有其他方式可以留下紀錄，把這裡當作一張畫布，用你自己的
方式隨意揮灑，創造更多姿多彩的回憶吧！

月計劃
Month

| 1 | 2 | 3 | 4 | 5 | 6 ✏ | | |
| 7 | 8 | 9 | 10 | 11 | 12 | | 年 |

Sunday · 星期日	Monday · 星期一	Tuesday · 星期二	Wednesday · 星期三

✎本月被讚美的一件事

Thursday · 星期四	Friday · 星期五	Saturday · 星期六	目標清單
			▪ ....
			▪ ....
			▪ ....
			Note

週計劃

Month

1　2　3　4　5　6

Week

1　2　3　4　5

星期一 · Mon

星期二 · Tue

星期三 · Wed

星期四 · Thu

星期五 · Fri

星期六 · Sat

星期日 · Sun

Month

1   2   3   4   5   6

7   8   9   10   11   12

Week

1   2   3   4   5

星期一 · Mon

星期二 · Tue

星期三 · Wed

星期四 · Thu

星期五 · Fri

星期六 · Sat

星期日 · Sun

週計劃
Month

1	2	3	4	5	6
7	8	9	10	11	12

Week

1	2	3	4	5

星期一 · Mon

星期二 · Tue

星期三 · Wed

星期四 · Thu

星期五 · Fri

星期六 · Sat

星期日 · Sun

Month

| | 1 | 2 | 3 | 4 | 5 | 6 |
| | 7 | 8 | 9 | 10 | 11 | 12 |

Week

1　2　3　4　5

星期一 · Mon

星期二 · Tue

星期三 · Wed

星期四 · Thu

星期五 · Fri

星期六 · Sat

星期日 · Sun

週計劃
Month

1	2	3	4	5	6
7	8	9	10	11	12

Week

1	2	3	4	5

星期一 · Mon

星期二 · Tue

星期三 · Wed

星期四 · Thu

星期五 · Fri

星期六 · Sat

星期日 · Sun

值得珍藏的一刻

除了文字，其實還有其他方式可以留下紀錄，把這裡當作一張畫布，用你自己的方式隨意揮灑，創造更多姿多彩的回憶吧！

欲語還休

難免我們都會遇到令人心煩的事情、解不開的結、理不清的千頭萬緒，此時不妨將這些遭遇轉化成文字，稍待沉澱後，或許就能突破盲點，往前邁進！

✏欲傾訴的事　　　　　　　　　　　　　　　年　　月　　日

✏欲傾訴的事　　　　　　　　　　　　　　　　年　　月　　日

✏️欲傾訴的事　　　　　　　　　　　　　年　　月　　日

✏️ 欲傾訴的事　　　　　　　　　　　　　年　　月　　日

✏️欲傾訴的事　　　　　　　　　　　　　年　　月　　日

✏️欲傾訴的事　　　　　　　　　　　　　年　　月　　日

柴米油鹽醬醋茶

出了社會，就要學會為自己的人生負責，現實生活的擔子也會一點一滴的壓在肩上，不用焦慮，懂得事先做好規劃，這些煩人瑣事也能變成生活的一種小樂事喔！

✎年度收支平衡一覽表

	年	月	月	月	月	月	月
收入明細	薪資						
	獎金						
	合計						
支出明細	伙食一						
	房租						
	合計						
餘額							

✎年度收支平衡一覽表

月	月	月	月	月	月	合 計

Note

Note

Note

Note

Note

Note

收藏興趣

顧名思義，即高興而有趣味，而趣味則是充滿了情趣和意味，合在一起就成了興趣這門藝術。可能還有你未知的其他興趣，有空時不妨在此停駐一段時間吧！

♥給喜歡運動的你	陸上—短跑、長跑、慢跑、直排輪、騎馬、滑雪、滑草、拔河、溜冰、相撲、吊環、平衡木、單桿、雙桿、跳馬、跳高、跳遠、三級跳遠、擲鐵餅、擲標槍、登山、攀岩、跳傘 水上—划船、划龍舟、遊艇、游泳、長泳、水上摩托車、衝浪板、牽引滑水、潛水 室內—拳擊、摔角、跆拳道、柔道、空手道、外丹功、太極拳、香功、氣功、國術、合氣道、技擊、韻律體操、舞蹈、跳舞、習武功夫、跑步機、少林功夫、九九神功、土風舞 球類—羽毛球、網球、籃球、桌球、撞球、保齡球、排球、沙灘排球、手球、高爾夫球、足球、橄欖球、棒球、曲棍球、壁球、躲避球
♥給喜歡看東西的你	看書—本國或外國文選作品、詩歌、散文、戲劇、文藝、武俠、偵探、幻想、歷史小說、漫畫等 看歌舞劇—有歌舞的戲劇 看電視—影集、連續劇、購物廣告、語文教學、民間故事、地理頻道、大小奇案、大陸奇談、綜合娛樂、演講 看電影—文藝片、功夫片、武俠片、恐怖片、災難片、科幻片、戰爭片、懸疑片、偵探片、動作片、喜劇、悲劇、時代劇、滑稽舞劇、西部片、歷史劇、情報片、卡通片 看表演—魔術表演、街頭表演、舞蹈表演、歌唱表演、平劇、舞台劇、歌仔戲、舞龍、舞獅、猜謎
♥給喜歡聽東西的你	聽音樂—古典音樂、鄉村音樂、抒情歌曲、爵士樂、管弦樂、搖滾樂、歌劇、流行歌曲、民謠、童謠、小提琴演奏、弦樂四重奏、風笛演奏、音樂會、小提琴鋼琴演奏會、國台客日韓英美語音樂 聽演講—學術講座、時事演說、宗教演說、說書、說故事 演奏樂器—彈鋼琴、小提琴、吉他、電子琴、打鼓、小喇叭、薩克斯風、笛子、胡琴、手風琴、口琴 唱歌—抒情歌、流行歌、日語歌、英文歌、台語歌、客家歌、原住民歌、卡拉 OK、隨興引吭高歌
♥給喜歡研究、發明的你	研究物理、化學、動物、植物、醫學、生理、文學、天文、哲學、史學、理學、法學、社會、佛學、宗教哲學、數學、航海、航空等科學 用自己的智能發現從前大家所不知道的義理（正義和公理）

♥給喜歡藝術的你	書法—楷書、隸書、行書、草書、書法展 繪畫—素描、水彩畫、油畫、國畫、畫展 攝影—一般照相、風景照相、海底照相、氣象照相、電影照相、電視照相、動物照相、花卉照相、鳥類照相、魚類照相、攝影展 園藝—種植蔬菜、花卉、果樹等的技藝或學問、種花、盆景、花園、公園、植物園等的造園及修築園景和建設園林綠地、花藝展 手工藝—裝飾品、燈籠、春聯、吉祥飾品、香包、日本人形黏土、若林麵包花、雕刻、雕塑、手工藝作品展
♥給喜歡收藏的你	古董、古玩、集郵、錢幣、紀念幣、鈔票、陶瓷器、銅器、珍珠瑪瑙、玉環、手鐲、古書畫、古繪畫、古書、蝴蝶標本、陳年老酒、兵器
♥給喜歡釣魚的你	垂釣、獨釣、晚釣、池塘釣、溪釣、河釣、海岸釣、海釣、遠洋釣、釣蝦場
♥給喜歡旅遊的你	國內外旅行、郊遊、環島旅行、徒步旅行、騎單車旅行、騎機車旅行、開車旅行
♥給喜歡下棋的你	橋牌（撲克牌）、象棋、圍棋、西洋棋、奕棋、軍棋、六子棋
♥給喜歡寵物的你	養狗、養貓、養金魚、養小鳥、逛寵物水族館
♥給喜歡大自然的你	觀察天文及星星、觀察野鳥、賞鳥、觀察動植物、觀察蝴蝶、觀察山海林、賞花、賞雪、觀察甲蟲
♥給喜歡購物的你	超級市場、百貨公司、藝術展覽、瀏覽櫥窗、烹飪、裁縫、買菜、衣服、化妝品、家電產品、網購、郵購、電視購物
♥給喜歡 DIY 的你	修理家電、修理家具、修水管、油漆、木工、裝配家具、組合樂高玩具、修整庭園花木
♥給喜歡宗教的你	吃素（齋戒）、打坐（靜坐）、坐禪（靜修）、望彌撒、聽福音、慈善捐助活動
♥給喜歡品嘗的你	品茶（紅茶、綠茶、烏龍茶）、品咖啡、汽水、果汁、可樂、提神飲料、各種料理閒聊

我的友人通訊錄

姓名		傳真	
電話		住址	
手機		郵件	

姓名		傳真	
電話		住址	
手機		郵件	

姓名		傳真	
電話		住址	
手機		郵件	

姓名		傳真	
電話		住址	
手機		郵件	

姓名		傳真	
電話		住址	
手機		郵件	

姓名		傳真	
電話		住址	
手機		郵件	

姓名		傳真	
電話		住址	
手機		郵件	

👤 姓名		📠 傳真
☎ 電話		🏠 住址
📱 手機		✉ 郵件
👤 姓名		📠 傳真
☎ 電話		🏠 住址
📱 手機		✉ 郵件
👤 姓名		📠 傳真
☎ 電話		🏠 住址
📱 手機		✉ 郵件
👤 姓名		📠 傳真
☎ 電話		🏠 住址
📱 手機		✉ 郵件
👤 姓名		📠 傳真
☎ 電話		🏠 住址
📱 手機		✉ 郵件
👤 姓名		📠 傳真
☎ 電話		🏠 住址
📱 手機		✉ 郵件
👤 姓名		📠 傳真
☎ 電話		🏠 住址
📱 手機		✉ 郵件

給抵達終點的你

　　一年過去了，首先給自己鼓個掌吧！完成了一年的自我紀錄，就像跑完一段全程馬拉松，過程中你可能因為體力耗損太快，使得呼吸凌亂、腳步蹣跚，甚至看待路上的小石子也彷彿覺得是故意捉弄你的絆腳石，讓你的精神面臨崩盤、注意力開始渙散，放棄的念頭浮現在腦海中，遮蔽了你留意四周景色的心思。我要告訴你，你克服了這些考驗，眼光筆直地鎖定前方，你感受到迎面而來的微風的安撫，與澆灑在頭上陽光的熱情，你留意到沿途的風景並非一成不變，而是一格一格膠捲底片在播放著屬於你人生的片段，所以你一次又一次地提起步伐，往前踏出，衝刺到目的地的渴望戰勝貪圖安逸的心理，所以你抵達了終點，這時候不該給自己一個鼓掌嗎？

　　你已經抓住了訣竅，了解紀錄的重要，我不敢說這是你今年最大的成就，但可以肯定的是，這是你以另一種角度看待自己生命的起點，讓它成為你的一個習慣，銘刻於你的心與腦。我期待藉由透過這本書與空白的功能手記，傳達給你我一直想表達與分享的一個觀念：我透過書寫，發現到了生命中的美好與意義。那你呢？